LÉON GUÉRARD

PROFESSEUR A LA FACULTÉ DE DROIT DE RENNES

L'ŒUVRE

DE

L'UNION DES FEMMES DE FRANCE

SÉANCE DU 8 JUIN 1888

RENNES

IMPRIMERIE E. BARAISE ET Cie

Place Saint-Michel, 7.

L'ŒUVRE

DE

L'UNION DES FEMMES DE FRANCE.

MESDAMES,

Celles d'entre vous à qui est due l'initiative de l'Œuvre généreuse qui nous rassemble aujourd'hui m'ont confié le grand honneur de résumer devant vous, en quelques mots, le caractère, la nature et le but de l'Union des Femmes de France. Sans me dissimuler tout ce que ces explications auraient eu à gagner à vous être présentées par une voix plus autorisée que la mienne, je n'ai pas cru pouvoir décliner cette bienveillante invitation. Permettez-moi d'ajouter pour tout exorde que je n'ai la prétention de faire ici ni un discours, ni une conférence. Je viens seulement vous dire, aussi simplement et aussi brièvement que possible, ce que nous voulons faire et comment nous voulons le faire.

La pensée d'assurer et d'organiser fortement le service sanitaire de nos armées en campagne est la plus légitime des préoccupations. A l'honneur de notre époque, si souvent attaquée et même décriée, il faut reconnaître que ce souci, à la fois charitable et patriotique, n'avait jamais été porté si loin que dans ces trente dernières années. C'est que, nous l'avons appris à n'en pouvoir douter, sur les champs de bataille, dans les ambulances, dans les hôpitaux, le défaut de soins fait plus de victimes que les armes les plus meurtrières. L'idée que l'un des nôtres, — et à l'heure suprême, quel est le Français qui n'est pas nôtre! — l'idée que l'un d'eux viendrait à succomber quand il était possible de le sauver nous est, avec raison, intolérable et odieuse. Pour atténuer les calamités qu'entraîne avec elle l'horreur des batailles, tout ce qui peut être fait doit l'être. Est-il besoin d'ajouter, sans vouloir être pessimiste, que des circonstances peuvent se présenter où tous les dévouements que nous essayons aujourd'hui de grouper seraient appelés à s'exercer; qu'en outre, dans ces luttes possibles, — possibles, pour ne rien dire de plus, — où chaque nation mettrait en ligne un million d'hommes, le nombre des blessés et des malades prendrait fatalement d'énormes et désolantes proportions.

S'il est facile de comprendre combien alors la tâche serait grande, il n'est pas moins aisé de concevoir qu'elle ne pourrait manquer de dépasser la bonne volonté et les forces de l'Administration militaire. Malgré l'activité, malgré l'intelligence dont elle donne tous les jours des preuves si nombreuses et si décisives, elle ne saurait suffire à la peine, et pour peu qu'on y réfléchisse, on se rendra compte qu'il n'en peut être autrement. L'état de guerre, sans doute, modifie et transforme tous les autres services militaires; mais enfin ils fonctionnent dans des conditions sinon identiques, du moins analogues à celles qu'ils rencontrent en temps de paix. Les distributions d'armes, de munitions et de vivres seront certainement plus nombreuses et plus importantes; mais après tout, il est possible de les prévoir et de les régler à l'avance. Pour le service sanitaire, il n'y a plus d'assimilation ni de comparaison; là où pendant la paix il y avait dix ou vingt malades, il peut, au lendemain d'une action, y avoir deux cents ou trois cents blessés. Ni le personnel, ni le matériel des jours ordinaires ne sont capables de pourvoir à ces besoins, qui déconcertent tous les calculs et déjouent toutes les prévisions.

C'est pour cela, Mesdames, qu'il s'est déjà formé dans notre cher pays des Associations dignes de tout éloge et de tout encouragement, parmi lesquelles l'Union des Femmes de France a déjà conquis un rang glorieux; je l'établirai tout-à-l'heure.

Quel est le but plus particulier de cette Société, reconnue comme établissement d'utilité publique par un décret du 6 août 1882? Nous le trouvons précisé en ces termes, dans un second décret réglementaire rendu cette fois à la date du 21 décembre 1886 :

« L'intervention de la Société ne peut être étendue ni au service de première ligne, ni aux hôpitaux d'évacuation. Elle est limitée au service du territoire. Elle consiste : 1° à créer dans les places de guerre ou dans les lieux désignés par l'Autorité supérieure des hôpitaux auxiliaires destinés à recevoir des malades ou des blessés appartenant à l'armée; 2° à faire parvenir aux blessés les dons volontaires qu'elle a recueillis. »

Permettez-moi, Mesdames, d'entrer ici dans quelques détails. Je les emprunte pour la plupart aux instructions substantielles rédigées par le docteur Bouloumié. Voici comment l'éminent praticien expose le but, les moyens et le rôle de l'Union des Femmes de France :

« **Notre but,** notre unique but, quoi qu'en aient pu dire des critiques intéressées et malveillantes, est uniquement l'amélioration du sort des malades et des blessés en temps de guerre, et la diminution de l'excessive mortalité constatée jusqu'à ce jour dans nos armées en campagne.

Nos moyens sont la préparation préalable, la prévoyance et la sollicitude constantes, l'utilisation prévue du matériel en usage journalier, la création de matériel supplémentaire étudié et expérimenté pendant la paix, notre intervention dans le cas de désastres publics autres que la guerre.

Notre rôle est de débarrasser autant que possible le service de santé militaire du soin des malades et des blessés qu'il ne peut laisser en arrière ou évacuer au loin. »

Pour atteindre ce but et pour remplir ce rôle, les préoccupations de la Société devront porter sur quatre objets principaux :

1° Sur les locaux destinés à devenir le siége des

hôpitaux temporaires qui seraient à créer en temps de guerre; 2° sur le matériel de subsistance et de secours, dont la nécessité n'a pas besoin d'être démontrée; 3° sur les ressources pécuniaires, ressources indispensables, elles aussi, et que nous demanderons uniquement à la charité privée, au cœur de nos concitoyens; 4° sur le personnel enfin, et ici il est utile de préciser quelques points.

Le personnel se compose de membres titulaires, auxiliaires et associés.

Les membres titulaires, — et c'est à vous, Mesdames, qu'appartiennent exclusivement l'honneur et le titre de la fonction, — seront appelées à diriger l'Œuvre, à pourvoir à tous ses besoins, à lui donner l'impulsion, qui sera certainement entre vos mains salutaire et féconde. Les membres titulaires paieront une cotisation dont le maximum est facultatif, mais dont le minimum ne peut être inférieur à dix francs.

Les membres auxiliaires ne paient pas de cotisation, mais s'engagent à faire en temps de guerre un service pour lequel une rétribution pourra leur être accordée. Il y aura là, Mesdames, une organisation importante et délicate, qui devra être préparée et réglementée à l'avance, et sur laquelle nous nous permettons dès maintenant d'appeler toute votre sollicitude.

Quant aux membres associés, c'est la seule fonction à laquelle nous aurons le droit de prétendre, ils paieront la cotisation. En outre, sans empiéter sur une administration qui n'appartiendra qu'à vous, ils pourront faire partie d'un comité consultatif qui sera toujours à votre disposition et, le cas échéant, se chargera des démarches que vous voudrez bien lui confier.

Ainsi que vous avez pu en juger par ce rapide exposé, c'est avant tout aux blessés militaires que l'Œuvre doit consacrer ses efforts et son dévouement. Toutefois, dit un article du Réglement, en cas de fléaux ou désastres publics, la Société pourra offrir son concours aux autorités compétentes. Je considère pour ma part comme particulièrement salutaire et intelligente cette extension donnée à notre action. S'il faut toujours avoir présentes à l'esprit les éventualités suprêmes que l'avenir peut nous réserver, il est permis d'espérer que la prudence des hommes et la protection de Dieu en éloigneront l'effroyable échéance ; il est permis d'espérer que les nations reculeront longtemps encore, comme elles reculent depuis plus de dix ans, devant l'énormité des catastrophes que déchaînerait une guerre générale. Il n'est pas indifférent que d'ici là, la Société s'affirme par des actes, qu'elle prouve son existence en rendant déjà des services partout où il y a des maux à soulager.

C'est ce qu'elle a fait, Mesdames. J'ai sous les yeux la liste des infortunes secourues depuis 1881 ; elles sont toutes dignes du plus haut intérêt. On a pu adoucir, dans quelque mesure au moins, les misères occasionnées par le tremblement de terre de Nice, par l'incendie de l'Opéra-Comique, par l'explosion de Saint-Etienne, par l'enfouissement de Chancelade et par dix autres fléaux également meurtriers. A tous ces affreux désastres, la Société a apporté son obole, prouvant ainsi que si elle travaille pour l'avenir, elle fait aussi quelque chose pour le présent. Mais elle n'a pas oublié quel est avant tout le but de sa mission patriotique; j'en ai pour preuves les témoignages éclatants qu'elle a reçus de nos hommes de guerre les plus distingués : une citation à l'ordre du jour de l'armée du Tonkin, par le général de Courcy ; une citation à l'ordre du jour de la division navale de l'extrême-Orient, par l'amiral Miot.

J'en aurais fini, Mesdames, s'il ne me restait à remplir une tâche plus délicate et surtout plus inattendue. — Quand on connaît le caractère de l'Œuvre dont je viens de tracer les grandes lignes, on est en droit de se demander comment elle a pu rencontrer non seulement des critiques, mais encore des adversaires, mais encore des détracteurs.

Elle en a trouvé pourtant; il faut même constater que leurs attaques ne sont pas restées sans écho ; elles sont cependant bien injustes ou bien pauvres.

On a d'abord combattu l'Œuvre en essayant de lui

faire un procès de tendance et de diriger contre elle une de ces insinuations d'autant plus perfides qu'elles sont plus vagues et plus insaisissables. On lui a prêté des opinions plus ou moins philosophiques, plus ou moins hétérodoxes ; on a affecté, en un mot, de la considérer comme enrôlée sous la bannière des laïcisateurs à outrance de nos établissements hospitaliers.

L'art. 63 de notre Réglement suffirait à lui seul pour repousser cet étrange grief. Aux termes de ce texte, que je cite littéralement : « Des ministres des cultes reconnus par l'Etat, spécialement désignés par le Conseil d'administration, assurent aux malades et aux blessés, dans les établissements hospitaliers de l'Union, les secours de leur religion. » L'esprit qui a dicté cette disposition, respectueuse des droits sacrés de la conscience, ne peut échapper à personne : C'est l'esprit de piété, de foi et de tolérance qui dictait à Mme Kœchlin-Schwartz, la présidente générale de l'Œuvre, une lettre éloquente et émue dont il vous a déjà été donné lecture, mais dont vous me permettrez de citer à nouveau quelques lignes : « Il est un sentiment commun à toutes les mères et que nous revendiquons hautement, c'est celui qui leur fait chercher en Dieu l'appui et la force qu'elles veulent mettre au service de leurs enfants et de leur patrie. Nous pratiquons le respect mutuel de nos convictions, de nos croyances, nous tenant unies et serrées autour du drapeau maternel, sur lequel nous nous efforçons, par notre loyauté et notre dévouement, d'attirer, avec l'estime de tous, cet appui qui vient de plus haut et sans lequel les œuvres humaines disparaissent, emportées par leur propre faiblesse. »

Ce sont là, Mesdames, de nobles paroles. Je considérerais comme indigne de nous, comme indigne de vous surtout, d'insister pour établir qu'elles répondent à nos sentiments unanimes. Nous n'avons pas besoin qu'on nous apprenne, ni même qu'on nous rappelle qu'au fond de tous les sacrifices et de toutes les abnégations, on rencontre l'idée de Dieu, source éternelle et féconde de tous les grands devoirs et de toutes les hautes vertus.

Battus sur ce terrain, ceux qui prétendent se constituer si gratuitement les défenseurs des idées que nous n'attaquons pas ont cherché un autre grief. Ils ont dit : Mais il y a déjà une autre Société qui se consacre à la même œuvre : c'est la Société de secours aux blessés ; à quoi bon lui faire concurrence et que veut dire cette rivalité ?

Dans l'assemblée générale de l'Union, qui se tenait à Paris il y a quelques jours, M. Jules Simon, dont l'esprit élevé voit les choses de haut, s'étonnait à bon droit de ce reproche : « Il n'y a pas, à mon avis, disait l'éminent orateur, le moindre mal à ce qu'il y ait plusieurs Associations qui s'occupent de nos blessés, pourvu qu'au lieu de se regarder comme des adversaires, elles se considèrent comme des alliées. »

M. Jules Simon, Mesdames, aurait pu ajouter un fait qui appelle nos méditations. Il y a en France trois Sociétés qui se proposent pour but le secours des blessés ; on trouve que c'est trop ; il y en a quarante en Allemagne ! Aussi, dans la guerre franco-allemande, nos ennemis ont obtenu, sur ce point, des résultats merveilleux, dont la supériorité nous humilie et nous écrase. Je ne veux même pas rapprocher les chiffres relevés de part et d'autre, et vous me saurez gré de vous en épargner la comparaison douloureuse.

La Société de secours aux blessés a rendu en 1870 des services au-dessus de tout éloge. J'en parlerais avec plus de liberté si je n'avais eu l'honneur d'en être le délégué au camp de Conlie et à l'armée de Bretagne. Ce souvenir personnel ne peut pas pourtant m'enlever le droit de lui rendre la justice qui lui est due : sa bonne volonté a été sans réserve ; son concours, efficace et précieux ; son œuvre, considérable.

Aussi n'essayons-nous ni d'entraver, ni de contrarier son action, mais seulement de la compléter. Comme l'a dit très-justement Mme la générale Grenier, malgré la perfection de son organisme, la Société de secours aux blessés ne saurait suffire en cas de guerre, et surtout en cas de guerre indécise ou malheureuse, à l'immense service territorial qui s'imposerait à son activité. Dans de pareilles conjonctures, on ne fera jamais appel à de trop nombreux dévouements. Il y aura place pour tout le monde, et quelles que soient les forces et les ressources que l'on parvienne à rassembler, elles trouveront toutes leur emploi.

Pour venir au secours des misères privées, à côté de l'assistance publique dirigée par l'Etat et la commune, nous voyons chaque jour se créer et fonctionner des Associations particulières qui veulent vivre d'une vie indépendante. Nous ne songeons pas à le trouver mauvais, mais nous prétendons avoir le droit de suivre l'exemple qu'on nous donne. Il n'y a pas de monopole moins justifié que celui de la bienfaisance, et nous ne devons blesser personne en affirmant et en revendiquant la sainte liberté de la charité et du bien.

Rennes, imprimerie E. Baraise et Cie, place Saint-Michel, 7.

www.ingramcontent.com/pod-product-compliance
Lightning Source LLC
LaVergne TN
LVHW010337230826
846091LV00009B/3913
9782019957629